KB205831

죄에 대하여 죽어야 합니다

죄에 대하여 죽어야 합니다

정한 지음

다윗의열쇠

저자 서문

저는 어려서부터 교회를 다닌 모태신앙인입니다. 사람들은 모태신앙을 '못해 신앙'이라고 농담처럼 말하기도 합니다. 아마도 기독교 신앙에 대해 특별히 거부하는 것은 없지만, 그렇다고 해서 신앙생활을 제대로 하지 못하는 신앙인의 모습을 일컫는 말이라고 생각합니다.

부끄러운 말이지만 저의 경우가 그랬었습니다. 평생 교회는 다녔고, 기독교문화에 익숙한 삶을 살았지만 주일엔 습관처럼 교회를 다녔었습니다. 십일조를 비롯한 각종 헌금도 잘했고, 그렇다고 남들처럼 교회에서 문제를 일으킨 적도 없었습니다. 그럼에도 불구하고 저는 제 자신을 전형적인 '못해 신앙인'이라고 생각할 수 밖에 없었습니다. 왜냐하면 제 자신을 돌이켜 볼 때, 성경에 대해 제대로 아는 것도 없었고, 설교시간에는 주로 딴 생각만 했었기 때문입니다. 저는 그야말로, '못해 신앙인'의 전형적인 모습이었던 것 같습니다.

그러던 어느 날, 제 나이 19살 때 저는 하나님을 진심으로 만나고 싶은 열망이 생겼었습니다. 그때 저는 대학 진학을 앞두고 내가 평생 어떤 일을 하고, 무엇을 공부해야 하는지 깊이 고민하고 있었기 때문입니다. 그래서 매일 새벽마다 지하 도서실에서 혼자 성경을 읽었습니다. 그러다가 복음서를 통해 예수님을 깊이 만나게 되었습니다. 그야말로 회심의 시간을 갖게 된 것입니다. 그동안 말로만 대충 들었던 회심의 체험은 제 인생과 신앙의 방향성을 바꾸어 놓았습니다.

'성경이 말하고 있는 죄란 무엇인지?', '우리가 회개를 했음에도 불구하고 왜 죄를 다시 짓게 되는 것인지?', '어떻게 해야 죄로부터 자유함을 가질 수 있는 것인지?' 이러한 것들을 알아가는 것은 예수님의 형상을 닮아가는 필수과정일 것입니다.

저는 누군가 예전의 저와 같이 죄에 대한 죽음의 경험이 없는 분들을 위해 이 책을 쓰게 되었습니다. 혹시 누군가 예전의 저와 같은 모습으로 신앙생활을 하고 계시는 분이 계시다면,

부족한 제 글을 통해 제가 만난 예수님을 꼭 만나시길 간절히 소망합니다. 또한 성경이 말하는 죄에 대한 개념이 막연한 분들께도 다소 도움이 될 수 있기를 바랍니다.

　우리 죄를 위해 십자가에서 죽으시고 부활하신 예수님께 모든 영광을 올려 드립니다. 마지막으로, 본 글을 정리해주신 다윗의열쇠 대표 임에녹 목사님과 저를 넘치도록 사랑해주고 계시는 넘치는은혜교회 성도님들께 진심으로 감사를 드립니다.

2016년 6월 1일

정한

CONTENTS

서문 | 4

1장 성경에 나타난 죄의 형태 | 12

어느 식인종의 이야기 / 성경에 나타난 죄의 개념 / 하나님을 믿지 않는 것 / 하나님이 금하신 것을 행하는 것 / 마땅히 해야 할 것을 하지 않음 / 말을 통한 죄 / 목에 박힌 가시 / 생각과 마음으로 짓는 죄

2장 누가 죄를 지었나? | 36

인간에 대한 성경의 선언 / 죄, 정말 말하고 싶지 않은 것 / 죄에 대한 거부감 / 죄에 대한 막연한 생각 / 죄에 대한 무감각 / 죄에 대한 합리화 / 절대빈곤과 같은 죄의 문제

3장 죄의 결과 | 52

사망 / 심판 / 하나님과의 단절 / 죄책감 / 육체적 질병을 유발 / 경제적인 손상 / 마음의 굳어짐과 총명의 손상 / 공동체와 인간관계의 파괴 / 타인을 향한 가장 귀한 선물

4장 어떻게 죄에 대하여 죽을 수 있을까? | 68

죄를 이기는 비결 / 죄인임을 고백 / 예수 그리스도의 보혈을 의지 / 나를 위한 예수님의 보혈 / 그리스도와 함께 죽은 자 / 그리스도와 함께 산 자 / 죄에 대하여 죽은 자로 살아가는 길 / 그리스도를 위해 살기 / 피 흘리기까지 죄와 싸움 / 성령님의 도우심을 간구 / 죄와 싸울 힘을 주시는 성령님 / 우리는 죄에 대하여 죽어야 합니다!

1장
성경에 나타난 죄의 형태

친히 나무에 달려
그 몸으로 우리 죄를 담당하셨으니
이는 우리로 죄에 대하여 죽고
의에 대하여 살게 하려 하심이라
(벧전 2:24)

성경에 나타난 죄의 형태

처음 교회오시는 분들로부터 종종 이런 말을 들은 기억이 납니다. 교회에 오면 너무 사람을 죄인 취급하고, 회개하라는 말을 많이 해서 마음이 거북하다고들 하십니다.

저는 이런 말을 들을 때마다, 그분들의 마음을 어느 정도 이해 할 수 있을 것 같기도 합니다. 왜냐하면 죄에 대한 개념은 각 사람마다 조금씩 다를 수 있기 때문입니다.

예를 들어 식인종이 사람을 잡아먹었습니다. 그러나

법정에서 선 그 식인종은 이렇게 말했습니다.

"나는 절대로 죄인이 아닙니다. 나는 같은 부족 사람을 먹지 않았기 때문입니다."

그러나 아무리 식인종이 이렇게 말했다 할지라도 그것은 단지 식인종이 생각하는 살인에 대한 개념일 뿐, 우리의 법에 의하면 사람을 먹은 식인종은 살인의 죄를 저지른 것입니다.

따라서 하나님의 백성인 우리는 하나님의 법이 말하는 죄가 무엇인가에 대해 생각해 볼 필요가 있습니다. 왜냐하면 우리가 생각하는 죄에 대한 개념과 하나님이 말씀하시는 죄에 대한 개념이 다를 수 있기 때문입니다.

성경에 나타난 죄의 개념

성경에서 나타난 죄의 개념은 도덕적인 의미에서 보다 하나님의 뜻(인격적 의지)에 대한 배반을 말합니다.

또한 부주의로 행한 과실까지도 포함하는 것으로서(레

4:2,22,27), 동기보다는 주로 나타난 행위가 문제되어 있는 것을 의미합니다.

주로 죄(Sin), 범죄(Sin), 허물(Transgression) 그리고 죄악(Iniquity)과 같이 크게 네 가지의 형태로 구분하여 설명하고 있습니다.

죄(Sin)

성경에서 일반적으로 '죄'라고 말할 때, 이것은 단수적 의미로서 '표적에서 어긋남', '올바른 길에서 벗어남', 혹은 '과녁을 맞히지 못함'이란 뜻을 가지고 있습니다 (삿 20:16).

> 그가 많은 사람의 죄를 지며 범죄자를 위하여 기도하였느니라 하시니라(사 53:12).

종종 '반역'이라는 뜻이 함축되어 있기도 하며, 웹스터 사전에서는 하나님의 법을 어김이라고 표현하고 있습니다.

그러므로 우리가 죄를 짓는다는 것은 하나님께서 각 개인을 향하신 어떤 목적이나 과녁에서 이탈된 행위나 생각, 혹은 그와 같은 것들을 죄라고 합니다.

범죄(Sins)

범죄란 복수적 개념으로서 우리가 일상생활에서 짓는 낱낱이 열거될 수 있는 죄의 형태를 의미합니다. 우리가 흔히 범죄 하였을 때 하나님께 용서를 구하는 구체적이고, 일반적인 죄를 의미하기도 합니다.

로마서 1장 1절부터 5장 1절의 전반부는 범죄(Sins)에 대해 다루고 있습니다. 반면 로마서 5장 12절부터 8장까지의 후반부에서는 단수 형태로서의 죄(Sin)가 빈번히 사용되어 그 주제가 다루어지고 있는 것을 찾아 볼 수 있습니다.

무릇 율법 없이 범죄 한 자는 또한 율법 없이 망하고 무릇 율법이 있고 범죄 한 자는 율법으로 말미암아 심판을 받으리라(롬 2:12).

우리는 일반적으로 우리의 범죄들(Sins)을 회개한 이후 또 다시 그것들을 짓고야 맙니다. 계속 범죄를 저지르며, 반복된 회개를 끊임없이 되풀이 하는 우리의 죄 된 습성들을 통해 한 가지 사실을 발견할 수 있습니다.

우리는 하나님 앞에 여러 종류의 범죄들(간음, 도둑질, 살인, 거짓 등)을 지을 뿐 아니라, 우리 안에 이런 범죄들을 짓게 하는 잘못된 그 무엇이 있음을 깨닫게 됩니다.

이것을 죄의 속성, 죄의 법칙, 혹은 죄의 시스템이라고 합니다. 즉, 죄의 속성은 우리로 하여금 계속 여러 형태의 범죄들(Sins)을 짓도록 하는 죄의 원형입니다. 이런 죄의 속성이 우리 안에 존재하고 있는 것입니다.

따라서 죄(Sin)란 언제나 그 많은 형태의 범죄들(Sins)을 우리로 하여금 계속 짓도록 하는 또 하나의 본질로서의 내적 성향이라고 말할 수 있습니다.

> 그러므로 내가 한 법을 깨달았노니 곧 선을 행하기 원하는
> 나에게 악이 함께 있는 것이로다(롬 7:21).

원죄(Original Sin)

사실 원죄라는 단어가 성경에 사용되고 있는 것은 아닙니다. 그러나 우리가 일반적으로 우리로 하여금 죄를 반복적으로 짓게 하는 본질로서의 죄를 설명할 때, 원죄의 개념으로 접근합니다.

루터(Martin Luther)는 이러한 죄의 본질적 특성에 대해 '원죄'(Original Sin)라는 단어를 처음으로 사용하여 이 개념을 이해하고자 하였습니다. 아담과 하와가 하나님의 원래 창조하신 목적과 표적에서 벗어나 하나님의 법을 어김으로서 그 후손들에게 전가되는 죄의 원초적 시발점이요 근성을 의미하는 것입니다.

성경은 이것에 대해 다음과 같이 말하고 있습니다.

그러므로 한 사람으로 말미암아 죄가 세상에 들어오고 죄로 말미암아 사망이 들어왔나니 이와 같이 모든 사람이 죄를 지었으므로 사망이 모든 사람에게 이르렀느니라(롬 5:12).

허물(Transgression)

허물은 구약에 나타난 죄악관의 특징을 가장 잘 나타내고 있는 말로 '거역', '반역'을 의미합니다. 즉, 하나님께 대한 반역입니다(호 8:1).

그가(예수님이) 찔림은 우리의 허물을 인함이라(사 53:5).

이것은 하나님과의 언약을 어기며(호 8:1,11), 사람을 배반하는등의 행위를 나타냅니다(엡 2:1,5).

따라서 허물이란 단지 실수나 실패와는 다른 개념으로서, 스스로 알면서도 짓는 죄를 의미합니다. 의도적으로 남의 땅이나 권리를 함부로 침해하며, 타인에게 피해를 입히는 행위입니다.

혹은 이미 설정되어 있는 어떤 경계선을 함부로 넘어서는 것과 같이, '들어오지 마시요'라는 표지가 세워져 있는 곳에 임의대로 침해하는 것입니다. 즉, 우리가 살면서 하나님과 타인의 권리를 의도적으로 침해하는 죄를 의미합니다.

우리가 일상적으로 "나는 어떤 사람 때문에 상처 받았어"라고 표현할 때가 있습니다. 이것은 누군가 나의 자존심이나 권리, 혹은 인격을 침해받았다는 말이기도 합니다. 그래서 마음과 감정에 상처를 받았다는 표현입니다.

따라서 허물은 우리가 알게 모르게, 누군가를 찌르고, 누군가에게 찔리는 아픔과 상처입니다.

죄악(Iniquity)

죄악이란 마음과 언행이 삐뚤어지고, 구부려져 있음을 의미합니다(창 15:16). 마치 맷돌 같은 것으로 상대방의 감정이나 인격을 갈아버리는 것과 같은 죄악입니다.

그들은 아담처럼 언약을 어기고 거기에서 나를 반역하였느니라(호 6:7).

웹스터 사전에서는 '굽히다' 또는 '마음을 일그러뜨리다'라고 표현하고 있습니다. 일그러뜨린다는 것은 상대방의 감정과 인격을 부숴 버리는 것(Crushing)과 같은 것입니다.

성경사전에서는 '악을 행하다', '사악한 짓을 하다'는 뜻으로 표기하고 있습니다. 따라서 죄악='죄된 행위'+'악한 행위'입니다.

죄악은 우리의 의식적이고, 의도된 죄악의 행위를 총체적으로 표현하는 것입니다. 그러므로 그것의 동기와 내용 모두가 문제시됩니다.

일반적으로 죄악은 크게 세 가지로 구분하고 있습니다. 사악함(Wicked), 범법(Criminal), 그리고 불의(Injustice)입니다.

이것들의 사전적 정의는 다음과 같습니다.

사악함(Wicked)

인간의 어떤 나쁜 행동, 사악하고, 심술궂은 말이나 행동, 혹은 위험한 버릇이나 언행입니다.

범법(Criminal)

법을 어기는 형사상의 범죄적인 죄를 범하는 것을 말합니다.

불의(Injustices)

부정과 불공평, 혹은 불법적 행위로서 타인의 권리를 침해하는 악을 행하는 것입니다.

그렇다면, 이러한 네 가지의 죄들(죄, 범죄, 허물, 죄악)이 우리의 삶에 어떤 형태로 나타나는지 더 자세히 살펴보도록 하겠습니다.

하나님을 믿지 않는 것

사람들은 흔히 말하길 나는 범법행위를 하지 않았고, 윤리적으로 크게 어긋난 일을 하지 않았기 때문에 죄인이 아니라고 말할 수 있습니다.

혹은 나는 단지 하나님을 믿지 않고, 교회를 나가지 않을 뿐, 법이 없이도 살 수 있는 사람이라고 생각하기 쉽습니다. 그러나 성경은 하나님을 믿지 않는 것 자체가 죄라고 말씀하고 있습니다.

> 하나님의 아들을 믿는 자는 자기 안에 증거가 있고 하나님을 믿지 아니하는 자는 하나님을 거짓말하는 자로 만드나니 이는 하나님께서 그 아들에 대하여 증언하신 증거를 믿지 아니하였음이라(요일 5:10).

하나님이 금하신 것을 행하는 것

우리는 하나님께서 하지 말라고 명하신 것들을 행함으로 죄를 짓기도 합니다.

가장 흔히 짓는 죄들에 대하여 갈라디아서 5장은 다음과 같이 말씀합니다.

> 육체의 일은 현저하니 곧 음행과 더러운 것과 호색과 우상 숭배와 술수와 원수를 맺는 것과 분쟁과 시기와 분냄과 당 짓는 것과 분리함과 이단과 투기와 술 취함과 방탕함과 또 그와 같은 것들이라. 전에 너희에게 경계한 것 같이 경계하 노니 이런 일을 하는 자들은 하나님의 나라를 유업으로 받 지 못할 것이라(갈 5:19-21).

위와 같은 죄들은 우리들의 삶 속에 빈번히 나타나는 죄의 형태들로서 비록 그 형태가 미미하다 할지라도 하나님 앞에서는 모두 다 죄입니다.

과연 누가 이런 죄들로부터 자유 할 수 있을까요? 그러므로 우리 모두는 예수 그리스도가 필요합니다.

마땅히 해야 할 것을 하지 않음

성경은 우리가 마땅히 해야 할 본분을 알면서도 행하

지 않는 것을 죄라고 말씀하고 있습니다.

> 사람이 선을 행할 줄 알고도 행치 아니하면 죄니라(약 4:17).

예를 들어 가족과 이웃을 돌보는 일, 선교, 봉사, 성도와의 교제 등과 같은 것들은 우리가 흔히 알고 있는 성도의 마땅한 본분입니다.

이렇듯 우리는 우리가 알고 있는 선한 것들을 행하지 않음으로서 죄를 범하기도 합니다.

말을 통한 죄

우리가 살면서 가장 많이 범죄 하는 것 중의 하나가 바로 말로 범하는 죄입니다. 저주나 모독의 말은 우리의 혀로 죄를 짓는 것 중의 하나입니다.

> 한 입으로부터 찬송과 저주가 나오는 도다. 내 형제들아 이

것이 마땅치 아니하니라(약 3:10).

무릇 더러운 말은 너희 입 밖에도 내지 말고 오직 덕을 세
우는데 소용되는 대로 선한 말을 하여 듣는 자들에게 은혜
를 끼치게 하라(엡 4:29).

음란하고 상스럽고 조잡한 농담도 성도의 삶에 합당하
지 않습니다.

누추함과 어리석은 말이나 희롱의 말이 마땅치 아니하니
돌이켜 감사하는 말을 하라(엡 5:4).

불평과 불만의 말도 우리가 흔히 말로 짓는 죄입니다.
불평은 비록 그 형태가 미미하다 할지라도 하나님을 기
쁘시게 하지 못하는 입술로 범하는 죄입니다.
우리가 흔히 하는 불평과 불만도 하나님 앞에 큰 범죄
입니다.

백성이 여호와의 들으시기에 악한 말로 원망하매 여호와께서 들으시고 진노하사 여호와의 불로 그들 중에 붙어서 진 끝을 사르게 하시매(민 11:1).

그밖에 우리가 말로 죄를 짓는 다른 형태들로는 거짓말, 과장, 권모술수 등입니다. 우리가 흔히 말로 저지르는 거짓말의 형태로는, 사실이 아닌 것을 사실처럼 말하는 것, 편의에 의해 사실을 편집하여 말하는 것 등이 있습니다.

목에 박힌 가시

여러분들 중에는 혹시 자신의 말로 인해 고통을 당해 보신 경험이 있으십니까? 저는 아주 많이 있었습니다. 특히 사역을 하면서 가장 많이 겪는 고통 중의 하나가 있다면 바로 말로 인한 것 같습니다. 말에 대해 말하려면 아주 할 말이 너무 많을 지경입니다.

오래전에 제가 아는 분이 저를 무척 화나게 했었습니

다. 그래서 저는 그 분에게 전화로 화를 내고, 일방적으로 전화를 끊어 버렸습니다.

저에게도 충분히 그럴만한 충분한 이유와 사정이 있었습니다. 그러나 그날 잠을 자는데 죄책감으로 인해 저는 마음이 무척 무거웠습니다.

그런데 사건이 벌어진 것은 바로 그 다음 날이었습니다. 아침에 우연히 식탁위에 놓여있던 구운 오징어가 눈에 띄었습니다. 평소엔 오징어 등껍질을 먹지 않았는데, 그날따라 아무 생각 없이 그것을 씹어 먹었습니다.

그런데 갑자기 그것이 목에 딱 걸렸습니다 뱉어 보려고 안간힘을 쓰며 "헥, 헥~ "거렸지만 나오지가 않았습니다.

그때 갑자기 어렸을 때 어머니로부터 들었던 말이 떠올랐습니다. 목에 가시가 끼었을 땐, 밥을 먹으면 꿀떡 넘어간다 말입니다. 그래서 밥을 한 사발 퍼먹었는데, 가시는 목에서 넘어가지 않았습니다.

할 수 없이 다음 날 이비인후과에 가서 목 내시경을 두 번이나 찍었습니다. 그러나 목에 박힌 오징어 등뼈는 나타나지 않았습니다. 아무리 기계로 빨아내려고 했지만, 뺄 수조차 없었습니다.

이것으로 인해 저는 일주일 내내 말도 못하고, 먹지도 못하고, 잠도 못 잤습니다. 그러다가 할 수 없이 하나님께 싹싹 빌며, 기도하기 시작했습니다.

"하나님, 이번 한번만 용서해 주십시오. 다시는 사람들에게 함부로 말하지 않겠습니다."

이렇게 헉헉 거리면서 일주일째 회개기도를 하는데 갑자기 " 억~!" 하고 토하면서 목에 박혔던 큰 가시의 일부가 나왔습니다. 모두 나온 것이 아니라, 박혀있던 일부의 가시가 나온 것이었습니다. 그러나 이것만으로도 숨이 쉬어지고, 살만은 하게 되었습니다.

그 후 목에 남겨진 가시는 제게 3-4년 간 저의 언어 훈련을 위해 어떤 역할을 담당하였습니다. 제가 하나님 앞에 합당하지 않은 말을 하려고 하면, 목에 있던 가시는 갑자기 목 안에서 곤두 서는 것이었습니다. 그래서 숨을 쉬지 못하고, 목을 턱턱 치는 것 같은 고통을 느껴야만 했습니다.

그럴 때마다 저는 헉헉 거리면서, "오! 주여!~ 내가 이렇게 사느니 차라리 말을 안 하고 말지!" 이렇게 생각하고, 입을 다무는 훈련을 하게 되었습니다. 이런 고통은 훗날 하나님께서 제게 주신 말로 표현할 수 없는 큰 은혜가 된 것입니다.

생각과 마음으로 짓는 죄

죄는 우리의 마음으로부터 출발합니다. 그래서 우리가 죄 된 생각을 즐기거나, 우리 마음에 품는 것도 비록 행동으로 옮기지 않았을지라도 하나님은 이것을 죄라고 말씀하고 있습니다.

여자를 보고 음욕을 품는 자마다 마음에 이미 간음하였느
니라(마 5:28).

그러나 하나님은 우리 안에 이러한 죄 된 마음이 있다
할지라도 우리가 의지를 가지고 그것을 다스리시기를 원
하십니다. 그렇지 않으면, 죄 된 마음이 행동으로 표출
되게 되어 있기 때문입니다.

네가 선을 행하면 어찌 낯을 들지 못하겠느냐 선을 행치 아
니하면 죄가 문에 엎드리느니라 죄의 소원은 네게 있으나
너는 죄를 다스릴찌니라(창 4:7).

죄는 마음에서 시작되어 일정한 패턴(Pattern)을 통해 우
리에게 다가옵니다. 우리의 마음에 죄 된 소원 두게 하
고, 그것을 주야로 묵상하며, 생각나게 합니다. 그러다
결국 그것을 행동으로 옮기게끔 우리를 질질 끕니다. 이
것에 대한 대표적인 예가 다윗입니다.

다윗은 전쟁에 나가서 싸워야 될 왕이 왕궁에서 거닐다가 여인이 목욕하는 것을 보게 됩니다. 그런데 그것을 본 것으로 끝난 것이 아니라 집에 돌아와 보았던 것을 자연스럽게 묵상하게 됩니다. 무엇을 묵상했겠습니까?

결국 그는 생각을 행동으로 옮기는 죄를 범하게 되는 지경까지 이르게 됩니다. 그것으로 인해 살인과 음란함의 범죄가 다윗뿐 아니라 그의 온 집안에 퍼졌습니다.

성경은 이런 죄의 강한 유혹과 이끄는 힘에 대해 다음과 같이 우리에게 경고하고 있습니다.

> 오직 각 사람이 시험을 받는 것은 자기 욕심에 끌려 미혹됨이니 욕심이 잉태한즉 죄를 낳고 죄가 장성한 즉 사망을 낳느니라(약 1:14-15).

그렇기 때문에 우리가 말을 조심하기 위해서는 먼저 생각관리를 잘해야 합니다.

생각과 마음 관리가 되지 않는데 어떻게 말 관리가 되

겠습니까? 말 관리가 되지 않는데 어떻게 우리의 행동이 변하겠습니까? 우리의 행동이 변하지 않는데 어떻게 우리의 인격과 삶이 거룩해 지겠습니까?

따라서 우리가 비록 법적인 형태의 죄를 짓지 않았다 할지라도 우리의 마음과 생각을 통해 우리 안에 죄가 들어올 수 있음을 인지해야 합니다.

2장
누가 죄를 지었나?

의인은 없나니 하나도 없고
모든 사람이 죄를 범하였으매
하나님의 영광에 이르지 못하더니
(롬 3:23)

누가 죄를 지었나?

인간에 대한 성경의 선언

하나님의 말씀은 모든 사람들이 예외 없이 죄를 범하였다고 선언하고 있습니다. 어쩌면 우리는 윤리적인 죄만을 생각하여 나는 아니라고 말할 수도 있습니다. 그러나 하나님은 이런 사람에 대해 다음과 같이 말씀하고 있습니다.

만일 우리가 죄 없다하면 스스로 속이고 또 진리가 우리 속에 있지 아니할 것이요(요일 1:8).

그렇기 때문에 아무도 죄로부터 벗어날 수 없게 되었습니다. 그러므로 우리는 그 누구도 죄로부터 자유로울 수 없는 존재입니다. 왜냐하면 하나님의 말씀은 우리 모두를 죄인으로 판결 내리고 있기 때문입니다.

그렇다면 성경에 나타난 죄와 범죄들에 대한 우리의 일상적인 반응은 어떤 것이 있을까요? 오래전에 써 놓았던 저의 일기를 통해 죄에 대한 우리의 반응에 대해 생각해 보고자 합니다.

죄, 정말 말하고 싶지 않은 것 (1999년 3월 9일)

"학교에 갔더니 친한 여전도사님이 웃으면서 농담 삼아 이렇게 말했다. 세상에서 모든 예쁜 여자들은 거의 라스베가스(Las Vegas)에 있고, 그 다음으로 예쁜 여자들은 돈 많은 남자와 결혼하여 귀부인이 되었다. 그런데 주로 교회에서 철야하며, 울고 기도 많이 하는 여자들은 하나같이 좀 덜 생긴 여자들인데, 대부분 그들은 목사

아내가 되었다고 했다.

그리고 그런 덜 생긴 여자들 중에서도 특별히 성격까지 드센 여자들이 전도사나 목사가 된다고 했다. 그러면서 내게 하는 말이 어쩌다 신학교까지 들어오게 되었냐고 웃으면서 물었다.

집에 돌아오는 길에 내 자신의 삶에 대해 곰곰이 생각해 보았다. 내가 어쩌다 여기까지 오게 되었는가? 나는 아무리 생각해도 여자로 태어난 특권을 제대로 누리지 못하고 사는 것 같은 생각이 들었다. 왜냐하면 얼굴이 못생겼다고 생각하기 때문이다.

그러나 무엇보다 더 심각한 건 못생긴 내가 어쩌다가 돈도 없고, 성격마저 이상한지, 내가 나를 생각해도 참 대책 없는 노릇이었다.

그러나 내가 이렇게 된 건 사실상 알고 보면 꼭 내 탓만은 아닌 것 같다. 왜냐하면 하나님은 내 기도에 좋은 것으로 응답해 주신 적이 별로 없었기 때문에 내 성격이 더 나빠진 것 같이 생각이 되었다.

그래서인지 교회만 가면 사람을 죄인 취급하며, 회개하라고만 밀어붙이는 것이 너무 싫게 느껴졌다. 나도 나의 나쁜 죄 된 모습을 알고 있지만, 막상 교회에 가면 터무니없이 사람을 죄인으로 몰아 부치는 것이 더 힘든 일이었다.

그나마 좋지 않은 나의 자아상을 더 일그러뜨리기 때문에 알 수 없는 반항심이 생긴다. 안 그래도 회개하려고 했는데, 막상 목사님이 회개하라고 설교시간에 몰아 부치니 더 하기가 싫어지는 것이다.

물론 내가 회개를 제대로 하지 않는 데는 또 다른 이유가 있다. 그것은 내가 잘못을 해도 하나님께서 그때, 그때마다 나의 죄를 즉각적으로 벌하시지 않으셨기 때문이다. 그래서 나는 날마다 죄를 회개하고 살아야 하는 것은 알고 있지만, 마음으로는 그리 절실하게 느끼지 못하고, 하루하루를 그냥 살아가고 있는 것 같다."

저는 지난날 부족한 저의 모습을 돌이켜 보며, 다음과 같은 몇 가지 죄에 대한 질문들을 했습니다.

"왜 사람들은 죄에 대해 말하는 것을 꺼려할까?"

"그럼에도 불구하고 왜 하나님은 우리에게 죄와 회개를 강조하실까?"

"그렇다면 어떻게 해야 우리가 죄에 대해 죽을 수 있을까?"

죄에 대한 거부감

사람들에게는 일반적으로 '죄인'이라는 꼬리표가 붙는 것에 대한 심리적 거부감이 존재합니다. 이것은 믿지 않는 사람들을 전도해 보면 가장 쉽게 발견할 수 있습니다. 그들은 모든 인간이 죄를 범하였다고 말하면 대부분 의아해 하거나 화부터 냅니다. 내가 전과자도 아니고, 범법자도 아닌데 왜 죄인이냐고 반문하기도 합니다.

설령 신앙을 가진 사람이라 할지라도 죄에 대한 고백

은 사람들에게 수치심과 두려움을 느끼게 합니다. 그것으로 인해 우리는 죄에 대한 언급을 회피하려는 경향을 보이기도 합니다. 죄는 누구에게나 숨기고 싶은 것이며, 회피하거나 부인하고 싶은 것입니다.

> 이르되 내가 동산에서 하나님의 소리를 듣고 내가 벗었으므로 두려워하여 숨었나이다(창 3:10).

죄에 대한 막연한 생각

아무리 우리가 예수님을 믿고 거듭났다 할지라도 죄에 대한 막연하고, 무사 안일한 생각을 갖고 있는 것을 종종 발견합니다. 왜냐하면 우리의 죄에 대해 하나님께서 그때그때 벌을 내리시지 않기 때문입니다.

그래서 사람들은 죄를 지어 놓고도 막연한 심리적 안도감으로 인해 죄의 심각성에 대해 막연한 생각을 가지고 살아갑니다.

너희 안일한 여자들아 떨지어다 너희 염려 없는 자들아 당황할지어다 옷을 벗어 몸을 드러내고 베로 허리를 동일지어다 그들은 좋은 밭으로 인하여 열매 많은 포도나무로 인하여 가슴을 치게 될 것이니라(사 32:11-12).

죄에 대한 무감각

죄를 지은 자는 죄책감을 가져야 합니다. 죄를 짓고 나면 두려워서 숨어야합니다. 그러나 아무런 죄책감이나 두려움이 없는 경우도 있습니다. 죄에 대한 불감증입니다. 하나님에 대한 잘못된 오해나 쓴 뿌리로 인해 죄에 대한 감각이 별로 없을 수 있습니다.

가인은 동생 아벨을 죽였습니다. 하나님께서 자신의 제사는 받지 않고, 동생 아벨의 제사만 받으셨다는 것에 대해 하나님께 화가 난 것입니다.

가인이 그의 아우 아벨에게 말하고 그들이 들에 있을 때에 가인이 그의 아우 아벨을 쳐죽이니라 여호와께서 가인에게 이르시되 네 아우 아벨이 어디 있느냐 그가 이르되 내가 알

어쩌면 우리도 가인과 비슷한 마음이 들 때가 있을 지도 모릅니다. 내가 아무리 기도를 해도 하나님은 나의 기도에 별로 좋은 것으로 응답 해 주신 적이 없다는 상처가 있을 수 있습니다.

혹은 나와 같이 고통을 많이 격은 사람들에게 이정도 즘은 하나님도 다 이해해 주실 것이라는 막연한 자기연민의 생각이 있기 때문입니다.

어쩌면 죄를 계속 짓고 살아가지만, 그것에 대한 하나님의 보응이 없이 살아가다 보면, 죄에 대한 두려움이나 죄책감마저 무감각 해지고 맙니다. 양심이 두꺼워지는 현상입니다.

죄에 대한 합리화

우리말에 삼 일 굶어 도둑질 안하는 사람이 없다는 속담이 있습니다. 인간은 굶게 되면 누구나 다 도둑질을 하게 된다는 의미입니다.

그러나 다른 한편으로 생각해 보면, 내가 도둑질을 할 수 밖에 없는 이유는 굶게 되었기 때문이라는 자기 합리화일 수 있습니다. 우리가 죄를 지었을 경우, 가장 쉬운 심리적 탈출구는 자기가 죄를 지을 수밖에 없는 이유를 합리화하는 것입니다.

혹은 범죄의 원인을 다른 사람이나 환경의 탓으로 돌리기도 합니다. 이것은 죄에 대한 자기합리화, 혹은 정신 방어기제입니다.

아담이 이르되 하나님이 주셔서 나와 함께 있게 하신 여자 그가 그 나무 열매를 내게 주므로 내가 먹었나이다 여호와 하나님이 여자에게 이르시되 네가 어찌하여 이렇게 하였느냐 여자가 이르되 뱀이 나를 꾀므로 내가 먹었나이다(창 3:12-13).

또한 우리 주변에는 죄를 많이 짓고도 멀쩡히 잘 살아가는 사람들이 많이 있습니다. 그래서 그런지 '저 사람들도 다 저렇게 사는데 뭐 나라고 별수 있나?'라는 막연한 자기 합리화가 있을 수 있습니다.

그리고 하나님께서 우리가 죄를 지었다 해도 즉각적인 보응이나 심판을 하시지 않기 때문에 죄에 대한 돌이킴이 늦어지기도 합니다. '어차피 죄를 또 지을 텐데 뭘', '내일 회개하면 되지', '딱 한 번만' 등과 같은 자기 합리화를 하면서 회개를 미루기도 합니다.

절대빈곤과 같은 죄의 문제

우리에게 있어서 심각하고, 중요한 죄의 속성이 있습니다. 그것은 우리가 죄를 알고, 끊고 싶다고 해도 내 스스로 그 죄를 끊어 버릴 힘이 없다는 것입니다. 이것은 마치 우리의 삶 가운데 나타난 절대 빈곤의 모습과도 같은 것입니다.

내 속사람으로는 하나님의 법을 즐거워하되 내 지체 속에서 한 다른 법이 내 마음의 법과 싸워 내 지체 속에 있는

죄의 법으로 나를 사로잡는 것을 보는도다 오호라 나는
곤고한 사람이로다 이 사망의 몸에서 누가 나를 건져내랴
(롬 7:23-24).

우리가 처한 이러한 죄의 대한 문제는 다음과 같은 두
가지로 해석해 볼 수 있습니다. 첫째는 우선순위의 문제
이고, 둘째는 재분배의 문제입니다.

만약 우리의 죄가 우선순위로 인한 것이라면 그다지
어려운 문제가 아닙니다. 그냥 순서를 좀 바꾸어서 재조
정하면 됩니다. 즉 일부가 다소 희생을 하더라도 시스템
을 조정하여 재분배하면 됩니다. 좀 더 가진 자가 덜 가
진 자에게 나누어 주면 됩니다. 소득이 더 많은 자가 적
은 자를 위해 세금을 좀 더 내면 됩니다.

그러나 우리가 직면해 있는 죄의 문제는 절대빈곤과도
같은 문제입니다. 우리 안에는 의로움도 없으며, 선함도
없다는 절대부족의 문제입니다.

이것은 마치 북한의 식량문제와도 같습니다. 절대적으

로 부족하기 때문에 재분배나 구조조정의 방법으로는 자체 내에서 해결될 수 없는 문제입니다. 이럴 때는 외부로부터 식량이 원조되어야만 해결될 수 있습니다.

이와 마찬가지로 우리가 겪는 모든 죄의 갈등이 바로 이런 것이라 할 수 있습니다. 부부지간만 해도 그렇습니다. 내 쪽으로 당기면 상대방이 아프고 괴롭습니다. 그렇다고 상대방 쪽으로 당기면 내가 죽어갑니다.

부모 자식 간에도 마찬가지입니다. 내 쪽으로 당기면 자식이 튕겨져 나갑니다. 그렇다고 자식 쪽으로 당기면 그 아이가 병들어 죽어갑니다. 이런 현상은 우리 안에 절대적으로 부족한 결핍에 근거한 것이기 때문입니다. 절대적으로 부조한 사랑과 선한 것이 없음에 대한 결핍입니다.

칼빈(John Calvin)은 이런 우리의 절대빈곤적 죄의 문제에 대하여 '전적타락'이라는 용어로 정리하였습니다. 즉, 인간이 하나님을 속이고 금지된 과일을 먹음으로서 하나님과 같이 되려고 반역했습니다. 마치 완전 범죄를 한 것처럼 보였습니다.

그러나 이것은 전적인 사단의 속임수였고, 그것으로 인해 인간은 전적인 타락의 상태에 들어갔습니다.

즉, 인간의 힘으로는 도저히 스스로 죄의 문제를 해결할 수 없는 존재가 되어 버린 것입니다. 저는 이것을 인간의 죄에 대한 절대빈곤이라고 말합니다. 그렇기 때문에 우리가 죄에 대해 멀리하려고 하면 할수록 더 깊은 죄의 수렁에 빠져있는 우리 자신을 발견하게 됩니다.

우리가 죄에 대하여 죽으려하면 할수록 우리의 이기심과 자기중심적인 생각은 어느덧 고개를 들고, 우리의 정욕을 되살려 놓고야 맙니다. 절대적인 죄의 힘에 끌려갈 수밖에 없는 우리의 절대빈곤적인 모습입니다.

이런 현상을 보며 저는 하나의 진리를 깨닫게 되었습니다. 믿는 우리 성도들에게는 더 이상 '선과 악', 'good and evil'의 싸움이 아니라 영과 육의 싸움이라는 것입니다. 즉, 육체의 정욕(the desire of flesh)과 성령의 소욕(the desire of Holy Spirit)이 서로 팽팽하게 줄다리기 하듯, 우리 안에 내재하고 있습니다.

그러므로 우리는 죄가 우리에게 미치는 영향과 어떻게 죄에 대하여 죽을 수 있는가에 대해 좀 더 살펴보고 넘어갈 필요성이 있습니다.

3장
죄의 결과

그러므로 한 사람으로 말미암아
죄가 세상에 들어오고 죄로 말미암아
사망이 들어왔나니 이와 같이
모든 사람이 죄를 지었으므로
사망이 모든 사람에게 이르렀느니라
(롬 5:12)

죄의 결과

사망

욕심 된 마음은 죄를 낳게 됩니다. 그 죄는 우리를 사망으로 이끕니다. 어쩌면 우리는 죄로 말미암아 당장 육체적인 죽음을 당하지 않을 수도 있습니다. 그러나 우리가 죄를 가진 체 살아간다면, 죄는 우리의 삶 가운데 죽음과 같은 파괴적인 영향을 미치게 될 것입니다. 죄는 내 자신뿐 아니라 주변 사람들에게도 파급적으로 미치는 효과가 있기 때문입니다.

욕심이 잉태한즉 죄를 낳고 죄가 장성한 즉 사망을 낳느니라(약 1:15).

심판

죄는 우리에게 심판을 가져다줍니다. 우리가 말이나 행동으로 지은 죄, 혹은 타인에게 불의 한 모든 죄들에 대해 심판을 받게 됩니다. 뿐만 아니라, 죄는 우리가 죽음 이후에 지옥으로 가게 하는 심판을 가져다줍니다.

내가 너희에게 이르노니 사람이 무슨 무익한 말을 하든지 심판 날에 이에 대하여 심문을 받으리니(마 12:36).

여호와께서 변론하러 일어나시며 백성들을 심판하려고 서 시도다 여호와께서 자기 백성의 장로들과 고관들을 심문하러 오시리니 포도원을 삼킨 자는 너희이며 가난한 자에게서 탈취한 물건이 너희의 집에 있도다(사 3:13-14).

그러나 두려워하는 자들과 믿지 안하는 자들과 흉악한 자들과 살인자들과 행음자들과 술객들과 우상 숭배자들과

모든 거짓말하는 자들은 불과 유황으로 타는 못에 참예하
리니 이것이 둘째 사망이라(계 21:8).

하나님과의 단절

아담과 하와가 에덴동산에서 범죄 했을 때 하나님이
비록 찾아 오셨을지라도 그들은 마음의 죄책감 때문에
하나님으로부터 스스로 숨었습니다(창 3:10).

이렇듯 인간은 죄를 지으면 죄책감으로 인해 하나님으
로부터 멀어지게 됩니다. 이 땅에서 우리가 하나님의 자
녀로서 부르심과 구원은 받았지만, 하나님과 영적인 교
제를 할 수 없게 됩니다.

오직 너희 죄악이 너희와 너희 하나님 사이를 갈라 놓았고
너희 죄가 그의 얼굴을 가리어서 너희에게서 듣지 않으시
게 함이니라(사 59:2).

죄책감

죄는 하나님과 우리의 관계를 파괴시킬 뿐 아니라 죄

책감으로 인해 우리의 마음을 상하게 합니다. 죄책감으로 인해 하나님을 우러러 볼 수 없도록 합니다.

죄책감은 우리 마음의 기쁨을 빼앗아 갑니다. 기쁨을 빼앗긴 우리의 마음은 생기가 없어진 상태입니다. 육체적으로는 살아있다 할지라도 영과 혼은 살아갈 힘을 상실한 상태입니다.

> 무수한 재앙이 나를 둘러싸고 나의 죄악이 내게 미치므로 내가 하나님을 우러러 볼 수도 없으며 죄가 나의 머리털 보다 많으므로 내 마음이 사라졌음이니이다(시 40:12).

육체적 질병을 유발

다윗은 자신의 내적인 죄악인 사람들의 비방에 대해 자신의 고통에 대해 위와 같이 고백하고 있습니다.

> 내 기력이 나의 죄악으로 약하며 나의 뼈가 쇠하도소이다 내가 근심으로 눈과 혼과 몸이 쇠하였나이다(시 31:10).

뿐만 아니라 성경의 여러 곳에서도 죄로 인한 육체적 질병에 대해 다음과 같이 언급하고 있습니다.

> 니느웨가 공허하였고 황폐하였도다 주민이 낙담하여 그 무릎이 서로 부딪히며 모든 허리가 아프게 되며 모든 낯이 빛을 잃도다(나 2:10).

예수님께서도 36년 된 중풍 병자의 병을 고쳐주면서 더 심한 육체의 질병에 걸리지 않기 위해 다시는 죄를 짓지 말라고 말씀하셨던 것을 볼 수 있습니다.

> 그 후에 예수께서 성전에서 그 사람을 만나 이르시되 보라 네가 나았으니 더 심한 것이 생기지 않게 다시는 죄를 범하지 말라 하시니(요 5:14).

따라서 죄는 우리의 정신적 질병뿐 아니라 육체적 질병을 유발시키기도 합니다.

경제적인 손상

이와 같이 죄는 우리로 하여금 우리가 노력한 것에 대한 열매를 맺지 못하도록 합니다. 뿐만 아니라 혹시 열매를 맺는다 하여도 다른 사람들에게 그 열매를 빼앗겨 버린다고 말하고 있습니다. 흔히 사기당하거나, 빚 보증서거나, 가족의 우환이나 질병이 끊이지 않아 불필요한 곳에 물질이 세어 나가는 현상입니다.

> 그들이 바람을 심고 광풍을 거둘 것이라 심은 것이 줄기가 없으며 이삭은 열매를 맺지 못할 것이요 혹시 맺을지라도 이방 사람이 삼키리라(호 8:7).

신명기 28장에서는 좀 더 구체적으로 다음과 같이 말씀하고 있습니다.

> 네가 만일 네 하나님 여호와의 말씀을 순종하지 아니하여 내가 오늘 네게 명령하는 그의 모든 명령과 규례를 지켜 행하지 아니하면 이 모든 저주가 네게 임하며 네게 이를 것이

니 네가 성읍에서도 저주를 받으며 들에서도 저주를 받을 것이요 또 네 광주리와 떡 반죽 그릇이 저주를 받을 것이요 네 몸의 소생과 네 토지의 소산과 네 소와 양의 새끼가 저주를 받을 것이며(신 28:15-19).

죄는 이토록 우리의 모든 삶의 영역에 있어 파괴적이고 파급적인 영향을 미치게 됩니다.

마음의 굳어짐과 총명의 손상

죄는 우리의 마음과 지성에 손상을 주기도 합니다.

하나님은 우리에게 지혜와 명철을 주시는 분이십니다. 사물과 사람, 그리고 사건을 통찰할 수 있는 총명은 하나님으로부터 주어집니다. 따라서 우리가 지력과 지혜가 부족하다고 생각되면 얼른 자신을 돌아보고 회개해야 합니다. 그리고 하나님께 지혜와 좋은 판단력을 간구해야 합니다.

연세 드신 어른들이 자주 이런 말씀을 하십니다.

"요즘 정신이 깜박깜박해, 너무 잘 잊어 버려."

"왜 이렇게 기억력이 없는지 몰라."

어쩌면 이것은 자연적인 현상일 수 있습니다. 그러나 성경에서 모세와 갈렙은 죽는 그날까지 정신이 흐리지 않았다고 했습니다.

혹시 여러분들 중에 나이를 "나이 들면 다 그렇지 뭐 ~"라고 생각하며, 그냥 자신의 모습을 받아들이시지는 않았습니까?

하나님은 우리의 모든 육체를 창조하신 분이시기 때문

에 우리가 기도할 때 우리의 모든 몸과 마음을 성령으로 말미암아 거룩하고, 새롭게 하실 수 있는 분이십니다.

공동체와 인간관계의 파괴

우리가 죄로 인해 마음에 죄책감만 가지고 있으면 그나마 괜찮습니다. 그러나 더 큰 문제가 있습니다. 죄는 우리의 인간관계를 파괴시키기도 합니다. 왜냐하면 우리는 죄로 인해 자신뿐 아니라 남을 괴롭히게 됩니다.

> 가인이 그 아우 아벨에게 고하니라 그 후 그들이 들에 있을 때에 가인이 그 아우 아벨을 쳐 죽이니라(창 4:8).

우리 속담에 이런 말이 있습니다.

"동에서 뺨 맞고 서에서 화풀이 한다."

"뭐 한 놈이 성낸다."

자신이 죄를 지어놓고 두려움과 죄책감으로 인해 타인을 향해 분노로 표출 되는 것을 잘 설명한 말입니다. 자신의 잘못을 타인의 탓으로 돌리며, 자기보다 연약한 대상을 향해 분노를 쏟아내는 현상입니다.

성경에서는 가인과 아벨의 이야기가 그 대표적인 예라 할 수 있습니다. 하나님은 동생 아벨의 제사를 받으셨습니다. 그러나 형 가인의 제사를 받지 않으셨습니다. 그 이유는 가인은 믿음 없이 제사를 드렸기 때문입니다 (히 11:4).

그러나 적반하장으로 하나님으로부터 거절감을 받은 가인은 그의 동생 아벨을 죽였습니다. 자신의 잘못이 하나님과 동생을 향해 분노로 표출된 것입니다.

죄로 인한 파괴의 파장은 강한 자의 쪽에서 약한 자의 쪽으로 흘러갑니다. 악한자의 쪽에서 선한 자의 쪽으로 흘러갑니다.

그렇기 때문에 죄는 나 혼자만 파괴 되는 것이 아닙니다. 나와 연류 된 많은 사람들에게 찌르는 허물과 찔리는 상처를 가져다줍니다. 그 결과 한 개인의 죄로 인해 무고한 희생자들이 고통을 당하게 되는 것입니다.

성경에 나오는 여호수아와 아간의 죄나, 사울왕의 이야기가 바로 이런 경우에 해당합니다.

이스라엘 자손들이 바친 물건을 인하여 범죄하였으니 이는 유다 지파 세라의 증손 삽디의 손자 갈미의 아들 아간이 바친 물건을 취하였음이라 여호와께서 이스라엘 자손들에게 진노하시니라(수 7:1).

다윗의 시대에 해를 거듭하여 삼 년 기근이 있으므로 다윗이 여호와 앞에 간구하매 여호와께서 이르시되 이는 사울과 피를 흘린 그의 집으로 말미암음이니 그가 기브온 사람을 죽였음이라 하시니라(삼하 21:1).

이처럼 죄가 우리 안에 들어 올 때, 가장 먼저 피해를 입는 것은 내 자신뿐 아니라 내가 사랑하고, 내게 사랑받아야 할 가족들이 희생자가 됩니다. 그 다음으로 타격을 입는 것이 바로 교회입니다. 사랑의 공동체가 갈라지고 상처를 입게 됩니다. 때론 특별한 이유 없이 교회가 갈라지고, 흩어지는 것을 봅니다. 이런 형태의 모든 현상들은 오늘도 동일하게 우리에게 나타납니다.

타인을 향한 가장 귀한 선물

만약 나의 죄가 내가 사랑하는 사람들에게 고통을 가져다준다면, 그들을 위한 나의 가장 큰 선물은 무엇일까요?

그것은 바로 내 자신이 죄에 대해 죽는 것일 수 있습니다. 더 나아가 내 자신이 먼저 하나님 앞에 거룩하게 사는 것을 통해 주변 사람들에게 본이 되는 삶을 사는 것이라고 생각합니다.

헨리 나우엔(Henri Nouwen)은 그의 저서 「거울 너머의 세계」(Beyond The Mirror)에서 다음과 같이 고백하고 있습니다.

그리스도 안에서 죽는 다는 것이 내가 다른 사람들에게 줄 수 있는 가장 큰 선물이 될 수 있다는 사실에 대한 뼈아픈 인식에서 나온 것입니다. 우리가 유아기에서 사춘기로 사춘기에서 성년기로 성년기에서노년기로 성장하는 동안 우리가 지나게 되는 모든 길목들마다에서 우리는 매번 나를 위해 살 것이냐 다른 사람들을 위해서 살 것이냐를 선택해야 하는 순간에 부딪히게 됩니다. (중략) 사람들 중에는 나에게 깊은 상처를 준 사람도 있고 나한테서 깊은 상처를 받은 사람도 있습니다. 나의 내면생활의 형성은 그 사람들에 의해 많은 영향을 받는 것입니다.

4장
어떻게 죄에 대하여
죽을 수 있을까?

그런즉 우리가 무슨 말을 하리요
은혜를 더하게 하려고 죄에 거하겠느냐
그럴 수 없느니라 죄에 대하여 죽은 우리가
어찌 그 가운데 더 살리요
(롬6:1-2)

어떻게 죄에 대하여 죽을 수 있을까?

죄를 이기는 비결

어떻게 해야 우리가 죄로부터 죽을 수 있을까요? 이것에 대해 로마서 6장 6절과 6장 11절은 우리에게 다음과 같이 해답을 제안해 주고 있습니다.

우리가 알거니와 우리의 옛 사람이 예수와 함께 십자가에 못 박힌 것은 죄의 몸이 죽어 다시는 우리가 죄에게 종노릇 하지 아니하려 함이니(롬 6:6).

이와 같이 너희도 너희 자신을 죄에 대하여는 죽은 자요 그리스도 예수 안에서 하나님께 대하여는 살아 있는 자로 여길지어다(롬 6:11).

위의 로마서 6장을 근거로 죄에 대하여 죽기 위해 우리가 해야 할 두 가지가 있습니다.

첫째는 우리 스스로 죄인임을 고백하는 것이며, 둘째는 예수 그리스도의 보혈을 의지하여 하나님 앞에 나아가는 것입니다.

죄인임을 고백

우리가 우리의 죄를 하나님께 고백하는 것입니다. 우리의 죄를 고백할 때 하나님은 우리의 죄를 용서해 주시는 분이심을 알아야 합니다.

만일 우리가 우리 죄를 자백하면 그는 미쁘시고 의로우사 우리 죄를 사하시며 우리를 모든 불의에서 깨끗하게 하실 것이요(요일 1:9).

사도 바울 역시 날마다 자신의 죄를 고백하며 주님 앞에 나아갔습니다.

> 나는 사도 중에 지극히 작은 자라 내가 하나님의 교회를 핍박하였으므로 사도라 칭함을 받기에 감당치 못할 자로라 (고전 15:9).

> 미쁘다 모든 사람이 받을만한 이 말이여 그리스도 예수께서 죄인을 구원하시려고 세상에 임하셨다 하였도다 죄인 중에 내가 괴수니라(딤전 1:15).

예수 그리스도의 보혈을 의지

예수 그리스도께서 우리의 죄를 대신하여 죽으셨습니다. 이것으로 인해 우리는 영원히 거룩하고 온전케 되었습니다.

> 저가 한 제물로(예수님의 죽으심) 거룩하게 된 자들을 영원히 온전케 하셨느니라(히 10:14).

우리는 이 사실을 믿어야합니다. 우리가 예수님의 보혈을 의지할 때 우리는 죄로부터 자유 하게 됩니다. 왜냐하면 예수님의 보혈은 우리의 죄를 사하시는 능력이 있기 때문입니다.

우리로 하여금 수많은 범죄들을 짓도록 하는 우리 안에 내재된 범죄의 시스템이 십자가에서 파괴된 것입니다. 그것으로 인해 우리의 신분적 변화가 죄인에서 의인으로 변화 되었습니다.

나를 위한 예수님의 보혈

저는 보혈의 능력은 믿어 졌었습니다. 그런데 보혈의 은혜는 잘 깨달아지지 않았었습니다.

예수님께서 십자가에서 죽으신 것은 나 하나만을 위해 죽으신 것이 아닙니다. 아담 이후부터 지금 현재까지 살고 있는 수많은 사람들을 위해서 죽으신 것입니다.

그리고 앞으로 태어날 내가 알지 못하는 전 인류의 사

람들을 위해서도 십자가를 지신 것입니다. 예수님의 보혈은 단지 나 하나만을 위해 흘리신 것이 아닙니다.

또한 예수님이 십자가에서 죽으신 것은 나의 의지나 선택에 상관없이 일어난 사건입니다. 이미 창세전부터 예수님은 십자가에서 죽으시도록 작정되셨습니다. 하나님이 그렇게 결정하시고, 행하셨던 것입니다. 나의 존재 여부와 아무 관계가 없이 일어난 하나님의 역사적 계획이었습니다. 그리고 나는 그 범주 안에 그저 포함된 한 명일 뿐이었습니다.

그래서 개인적인 가치를 놓고 생각해 보았을 때, 별로 감사한 마음이 들지 않았었습니다. 생각해 보십시오. 만약 어떤 한 사람이 여러분 한 명을 위해서 죽었다는 것과 이 세상 모든 사람들을 위해서 죽었다면, 과연 어떤 것이 나에게 더 가치 있게 느껴지겠습니까?

이런 의미에서 저는 예수님의 보혈의 능력은 잘 알고 있었지만 보혈에 대한 감사함은 별로 없었던 것 같습니다.

그런데 어느 날 제가 운전하며, 신학교에 가고 있었습니다. 그때 갑자기 제 마음에 다음과 같은 예수님의 질문이 감동으로 느껴졌습니다.

"얘야!~ 내가 너를 위해 십자가의 대가를 치룬 것을 너는 믿니?"

저는 대답했습니다.

"예, 주님, 제가 믿습니다."

"나는 말이야, 만약 네가 죄인인 채로 어느 혹성에서 너 혼자 처절하게 죽어가고 있다면, 너 하나 만을 위해서라도 그곳에까지 찾아갈 거야. 그리고 십자가를 또 한 번 너를 위해 대신 지고 너를 꼭 구원해 내고야 말 거야."

저는 제 마음에 이런 감동이 들려오는 순간 울음을 멈출 수가 없었습니다.

울고 있는 제게 주님은 또 부드럽고, 조용히 다음과 같이 말씀하시는 것 같았습니다.

"아이야!~ 네가 혼자라고 느끼는 것은 단지 너의 어린 시절부터 네 안에 있던 굶주림일 뿐이란다. 늘 어쩐지 혼자 있는 것 같은 쓸쓸함, 그래서 하나님 아버지도 멀리 있는 것처럼 느껴지는 것이지."

저는 그때야 예수님의 보혈의 은혜에 대해 마음으로 깨달을 수 있었습니다.

예수님은 하나님이십니다. 하나님은 온 세상의 주인이십니다. 온 세상의 주인은 이 세상의 어떤 것보다 더 가치가 있으신 분이십니다.

그렇기 때문에 이 세상의 모든 사람들과 오고 가는 모든 세대의 사람들을 위해서 대신 죽으실 수 있는 유일한 분이십니다. 그러므로 우리는 예수님의 보혈을 의지해야 합니다.

그리스도와 함께 죽은 자

로마서 6장 6절은 다음과 같이 말씀하십니다.

> 우리가 알거니와 우리 옛 사람이 예수와 함께 십자가에 못
> 박힌 것은 죄의 몸이 멸하여 다시는 우리가 죄에게 종노릇
> 하지 아니하려 함이니(롬 6:6).

우리는 여기에서 두 가지 질문을 하게 됩니다.

첫째, 나는 십자가의 고통도 모르는데 언제 내가 예수님과 함께 십자가에 못 박힌 것일까?

둘째, 십자가에 못 박혀 죽은 내가 왜 자꾸 죄를 짓게 되는 것일까?

우리가 예수님과 함께 십자가에 못 박혔다는 것은 예수님께서 죽으신 바로 그 순간 우리도 그리스도 안에 있었다는 것을 의미합니다. 이것은 마치 아브라함의 허리에 모든 이스라엘 백성들이 있었던 것 같이 우리도 예수님의 허리 안에 있었다는 것을 의미합니다.

> 레위의 아들들 가운데 제사장의 직분을 받는 자들이 율법
> 을 좇아 아브라함의 허리에서 난 자라도 자기 형제인 백성
> 에게서 십분의 일을 취하라는 명령을 가졌으나(히 7:5).

이스라엘 사람들에게 있어서 허리라는 표현은 후손의 씨라는 것을 의미합니다. 그렇기 때문에 우리가 예수님과 함께 십자가에 못 박힐 수 있었던 것입니다. 비록 우리가 아직 태어나기 전이라 할지라도 우리는 예수 그리스도 안에 있던 자들로서 예수님이 십자가에 못 박힐 때 함께 죽었던 자들입니다.

우리가 여기에서 주목해 봐야 할 것은 '함께'(with)라는 전치사입니다. 이것은 우리가 예수님과 '같이'(by) 십자가에 못 박혔다는 의미가 아닙니다.

성경에는 예수님과 같이 십자가에 죽은 두 명의 사람이 나옵니다. 바로 오른편과 왼편에 있었던 강도들입니다. 그들은 같은 장소, 같은 시간에 예수님과 같이 십자가에서 죽었습니다.

그러나 그들은 예수님과 함께 십자가에서 죽은 것이

아닙니다. 그들이 진 십자가는 본질적으로 예수님과 서로 다른 십자가였습니다.

그러나 우리는 그리스도 안에 있었으므로 창세전부터 우리를 택정하시기로 작정하신 그분의 뜻을 따라 그리스도가 십자가에서 죽으셨을 때 우리도 완전히 연합하여 죄인 된 하나의 몸을 이루었습니다. 그리고 연합된 상태에서 그리스도와 함께 죽은 것입니다.

따라서 예수님께서 십자가에서 "다 이루었다"라고 외치신 그 순간, 우리도 그리스도 안에서 그리스도와 함께 있었기 때문에 우리의 죄(범죄)의 문제를 다 이루었다는 영역에 포함시킬 수 있는 것입니다.

그러므로 이제 그리스도 예수 안에 있는 자에게는 결코 정죄함이 없나니 이는 그리스도 예수 안에 있는 생명의 성령의 법이 죄와 사망의 법에서 너를 해방하였음이라 (우리의 타락한 성품 때문에) 율법이 연약하여 할 수 없는 그것을 하나님은 하시나니 곧 죄를 인하여 자기 아들을 죄 있는 육신의 모양으로 보내어 육신에 죄를 정하사 육신을 좇지 않고 그

영을 좇아 행하는 우리에게 율법의 요구를 이루어지게 하려 하심이라(롬 8:1-4).

그렇기 때문에 우리는 죄에 대하여는 그리스도와 함께 죽은 자가 된 것입니다. 이 얼마나 놀라운 일입니까?

그리스도와 함께 산 자

처음엔 우리가 그리스도와 함께 죽었다는 것을 알아야 합니다. 그러나 그것으로 끝나는 것이 아닙니다. 로마서 6장 11절에서는 그리스도 안에서 우리가 죽었기 때문에 이제 또한 그리스도 안에서 산자가 되었다고 합니다.

이와 같이 너희도 너희 자신을 죄에 대하여는 죽은 자요 그리스도 예수 안에서 하나님을 대하여는 산 자로 여길지어다(롬 6:11).

여기서 말하는 '여긴다'는 의미는 없었던 일을 막연히 있는 것처럼 가정하라는 뜻이 아닙니다. 이것은 그리스도 안에서 확실한 믿음의 간주, 믿음의 선포입니다.

로마서 5장 11절 이후에는 믿음이라는 단어보다 '여긴다'는 단어로 상당부분 대치되어 있는 것을 발견할 수 있습니다.

비록 내 자신이 물리적으로 십자가에 죽은 사실이 없다 할지라도 그리스도 안에서 죽었다는 사실을 안다면 그리스도와 함께 또한 새로운 피조물로 부활했음을 여길 수 있는 믿음의 간주가 있을 수 있습니다. 왜냐하면 성경이 그렇게 우리에게 말씀하고 있기 때문입니다.

> 우리가 알거니와 우리 옛 사람이 예수와 함께 십자가에 못박힌 것은 죄의 몸이 멸하여 다시는 우리가 죄에게 종노릇하지 아니하려 함이니 이는 죽은 자가 죄에서 벗어나 의롭다 하심을 얻었음이니라(롬 6:6-7).

따라서 로마서 6장 5절에서 "만일 우리가 그의 죽으심을 본받아 연합한 자가 되었으면 또한 그의 부활을 본받아 연합한 자가 되리라"라고 말씀한 사실을 믿어야 합니다.

죄에 대하여 죽은 자로 살아가는 길

우리는 지옥 갈 백성에서 천국 백성으로 바뀌어졌습니다. 우리는 죄에 대하여 죽은 자들입니다. 우리로 하여금 범죄(Sins)들을 짓도록 하는 죄(Sin)의 법적인 힘이 십자가에서 처리 된 것입니다.

그러나 모든 성도는 육신의 장막을 벗고 영원한 하늘나라에 입성하기 전까지, 끊임없는 죄와의 사투를 벌여야 합니다.

이것을 위해 우리가 해야 할 일들은 무엇일까요?

그리스도를 위해 살기

우리는 그리스도와 함께 죽고, 그리스도와 함께 살았기 때문에 남은 인생을 그리스도를 위해 살아야 합니다.

그가 모든 사람을 대신하여 죽으심은 살아 있는 자들로 하여금 다시는 그들 자신을 위하여 살지 않고 오직 그들을 대신하여 죽었다가 다시 살아나신 이를 위하여 살게 하려 함이라(고후 5:15).

내가 그리스도와 함께 십자가에 못 박혔나니 그런즉 이제는 내가 사는 것이 아니요 오직 내 안에 그리스도께서 사시는 것이라 이제 내가 육체 가운데 사는 것은 나를 사랑하사 나를 위하여 자기 자신을 버리신 하나님의 아들을 믿는 믿음 안에서 사는 것이라(갈 2:19-20).

피 흘리기까지 죄와 싸움

우리가 죄에 대하여 죽고, 구원에 합당한 열매를 맺기 위해 우리는 죄와 피 흘리기까지 싸워야 합니다.

너희가 죄와 싸우되 아직 피 흘리기까지는 대항하지 아니하고(히 12:4).

사도 바울은 자기 죄와 사망의 법에서 스스로 헤어 나

올 수 없는 연약한 자라는 것을 너무나 잘 알고 있었습니다. 그랬기 때문에 그는 날마다 다메섹에서 만난 예수님을 바라보았습니다. 예수님의 십자가에서 날마다 자신의 자아가 처리되는 경험을 했습니다. 그는 자신의 죽음에 대해 이렇게 자랑합니다.

> 형제들아 내가 그리스도 예수 우리 주 안에서 가진바 너희에게 대한 나의 자랑을 두고 단언하노니 나는 날마다 죽노라(고전 15:31).

성령님의 도우심을 간구

죄의 문제를 해결하기 위해 우리는 성령님의 도우심을 간구해야 합니다. 거듭난 사람이라면 누구나 죄를 회개하고 싶지 않은 사람은 아마 한 명도 없을 것입니다. 그러나 우리의 문제는 회개가 마음처럼 잘 되지도 않을 뿐 아니라, 무엇이 우리의 죄인지 잘 모른다는 것입니다. 그런데 성령님은 우리의 죄를 깨닫게 하시고, 우리로 하여금 죄를 이길 수 있는 힘을 주십니다.

> 이와 같이 성령도 우리의 연약함을 도우시나니 우리는 마
> 땅히 기도할 바를 알지 못하나 오직 성령이 말할 수 없는
> 탄식으로 우리를 위하여 친히 간구하시느니라(롬 8:26).

또한 우리가 아무리 죄를 회개 했다 할지라도 우리는 여러 형태의 범죄를 또 다시 지을 수밖에 없는 연약한 존재이기 때문에 성령님의 도우심을 날마다 간구해야 합니다.

죄와 싸울 힘을 주시는 성령님

우리는 위대한 성자 어거스틴에 대해 잘 알고 있습니다. 성자가 되기 전 그는 방탕한 생활을 했었습니다. 마니교라는 이단 종파에 빠지기도 했고, 15년 동안 동거했던 여인과의 사이에서 아들을 하나 남겨둔 체 헤어지기도 합니다.

그 후 그는 이별의 슬픔을 달래기 위해 겨우 10살 난 어린 소녀에게 구혼을 청합니다. 그러나 그녀가 정식으로 결혼 할 수 있는 나이가 되기도 전에, 그는 자신의 욕망을 채우기 위해 다른 여자들과 관계를 갖기도 합니다. 이렇게 방황하던 그는 자신의 회심에 대해 다음과 같이 고백하고 있습니다.

나는 죄에 대해 어떻게 죽어야 하며, 또 어떻게 살아야 하는가를 몰라 망설이고 있었습니다. (중략) 내가 새사람이 되고자 하면 할수록 커다란 공포가 내 가슴을 엄습하였습니다. (중략) 어리석고 허무하기 짝이 없는 헛된 나의 지난날의 아가씨들이 내 옷자락을 붙들고 소곤거렸습니다. '우리를 버리고 가시려고요?', '이젠 영원히 당신과 함께 우리가 그 일을 할 수 없다는 말인가요?' 방금 내가 쓴 그일 이라는 말은 무엇을 암시하는 것이겠습니까? (중략). 나는 거기서 몸을 빼고 당신을 향해 줄달음쳐야 했지만, 끈덕진 옛 악습이 나더러 '네가 그 여자들이 없어도 견딜 수 있다고 생각하느냐?'라고 외쳤습니다. 그래서 나는 쉰 목소리로 울부짖었습니다. (중략)

그때 갑자기 이웃집에서 사내아이인지 계집아이인지는 모르겠으나 어린 아이의 음성이 들려왔습니다. '집어서 읽어라, 집어서 읽어라!' (중략) 그래서 나는 불현듯 넘쳐흐르는 눈물을 씻고 벌떡 일어섰습니다. 나는 성경을 펼쳐서 맨 처음 눈에 띄는 첫 장을 읽으라는 하나님의 명령이라고 해석했습니다. 나는 그것을 펴 들고 맨 처음에 눈에 띈 첫 장을 가만히 읽었습니다.

'낮과 같이 단정히 행하고 방탕과 술 취하지 말며 음란과 호색하지 말며 쟁투와 시기하지 말고 오직 주 예수 그리스도로 옷 입고 정욕을 위하여 육신의 일을 도모하지 말라'(롬 12:12-14).

이 구절을 읽고 나자 불현 듯 평안의 빛이 나의 마음속을 가득히 비추어 어두운 의혹의 그림자는 사라져 버렸습니다. 주님은 우리의 온갖 구하는 것이나 생각하는 것에 더 넘치도록 능히 하시는 분이십니다.

우리는 죄에 대하여 죽어야 합니다!

우리가 죄에 대해 죽을 때, 우리 안에 있는 예수 그리스도께서 사시게 됩니다. 이것은 선택이 아닙니다. 내가 거룩하니 너희도 거룩하라고 하신 하나님의 명령입니다.

너희가 순종하는 자식처럼 전에
알지 못할 때에 따르던 너희 사욕을 본받지 말고
오직 너희를 부르신 거룩한 이처럼
너희도 모든 행실에 거룩한 자가 되라 기록되었으되
내가 거룩하니 너희도 거룩할지어다 하셨느니라
(벧전 1:14-16)

죄에 대하여 죽어야 합니다

2016년 6월 1일 1판 1쇄 발행

지은이   정한
홍 보   강석원
펴낸이   임정훈
인 쇄   예원프린팅
제 본   정성문화사
펴낸곳   다윗의열쇠
등 록   제2011-20호(2011.9. 20)

주 소   서울 동대문구 제기동823 렉스빌 301호
이메일   keyofdavid@hanmail.net
전 화   070)7329-8115
팩 스   02)6918-4153

책 값   6,000원
ISBN   979-11-87404-01-9 03230

「이 도서의 국립중앙도서관 출판예정도서목록(CIP)은 서지정보유통지원시스템
홈페이지(http://seoji.nl.go.kr)와 국가자료공동목록시스템(http://www.nl.go.kr/
kolisnet)에서 이용하실 수 있습니다.(CIP제어번호: CIP2016012033)」